AF279372

Mamá, ¿qué es una familia?

Escrito por Noemí Cambra Requena
e ilustrado por Lara Ferrer Camarena

Título original: Mamá, ¿qué es una familia?

Autora: Noemí Cambra Requena

Ilustración: Lara Ferrer Camarena

Publicado por Editorial Gusanillo 2026

Redes sociales de la editorial: @editorialgusanillo

Página web de la editorial: www.editorialgusanillo.es

Impreso y encuadernado en España

Código de Depósito Legal: V-5348-2025

ISBN: 979-13-87530-78-5

Este libro es para todas las familias del mundo y, sobre todo, para la mía, que me inspira cada día a seguir creando historias.

Todas las familias son únicas y especiales.

Lúa y mamá, como cada día, terminan el día leyendo un libro. Aunque siempre acaban inventando historias hasta que el cansancio las vence.

Pero esa noche, Lúa no tenía ganas de ningún cuento ni tenía fuerzas para inventarse uno.
—Mami, ¿tú y yo somos familia?
—Claro que sí —le respondió su mamá con ternura.

JAJA
JAJA
JA

En el cole, unos niños más mayores le habían hecho dudar sobre lo que era una familia, porque ella solo tenía una mamá. Su madre, al verla triste, le explicó que una familia no significa ser dos, tres, ni cuatro...
No se mide por la cantidad de personas, sino por el amor. Hay familias que son grandes y otras un poquito más pequeñas.

Te quiero
FAMILIA

—¿Y entonces qué es una familia? —preguntó la pequeña de 4 años.
—Tú seguro que conoces las familias de tus amiguitos y amiguitas...
—Sí —asintió con una sonrisa.

MAX

—Ramón tiene papá y mamá, y además una hermana mayor por parte de su papá.

—¡Y a Max! —exclamó Lúa.

—Claro, no nos podemos olvidar del peludito.

—¿Eso es una familia? —volvió a preguntar.
—Lo es —afirmó la mamá de Lúa.
—Lucía tiene a su mami y a su mamá —explicó Lúa. Parecía que ya lo estaba entendiendo.

—La mamá y el papá de Lina viajaron muy lejos para reunirse con ella.

—Los papás de Pablo y Paula ya no están juntos, pero los siguen viendo cada semana.

—Elisa vive con su papá y sus abuelos
en su casa de campo.

Lúa se quedó pensando.
—¿Y la tía y el tío? ¿También son familia?
—Lo son, como tú y yo. Una familia está
compuesta por personas que se quieren,
se cuidan y se divierten juntas.

Hay familias grandes.
Otras son más pequeñas.
Pero lo más importante es que
haya mucho amor y risas.

Lúa comprendió que su mamá es mucho más que su mami.
Es su familia, su heroína y su compañera de aventuras.
La cuida, la mima y la protege.

Mamá, ¿qué es una familia?